essentials

Springer Essentials sind innovative Bücher, die das Wissen von Springer DE in kompaktester Form anhand kleiner, komprimierter Wissensbausteine zur Darstellung bringen. Damit sind sie besonders für die Nutzung auf modernen Tablet-PCs und eBook-Readern geeignet. In der Reihe erscheinen sowohl Originalarbeiten wie auch aktualisierte und hinsichtlich der Textmenge genauestens konzentrierte Bearbeitungen von Texten, die in maßgeblichen, allerdings auch wesentlich umfangreicheren Werken des Springer Verlags an anderer Stelle erscheinen. Die Leser bekommen „self-contained knowledge" in destillierter Form: Die Essenz dessen, worauf es als „State-of-the-Art" in der Praxis und/oder aktueller Fachdiskussion ankommt.

Kerstin Seeger

Erfolgreiche Strategiearbeit für Industriedienstleister

Die Potenziale guter Strategiearbeit heben

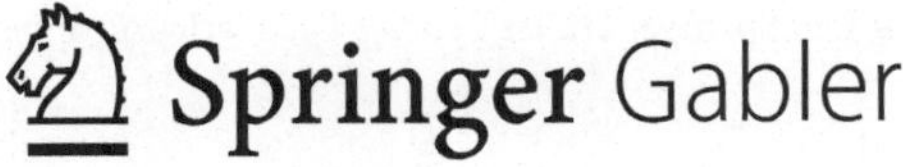

Kerstin Seeger
Europäische Fachhochschule
Brühl, Deutschland

ISSN 2197-6708 ISSN 2197-6716 (electronic)
ISBN 978-3-658-04007-9 ISBN 978-3-658-04008-6 (eBook)
DOI 10.1007/978-3-658-04008-6

Die Deutsche Nationalbibliothek verzeichnet diese Publikation in der Deutschen Nationalbibliografie; detaillierte bibliografische Daten sind im Internet über http://dnb.d-nb.de abrufbar.

Springer Gabler

Gedruckt auf säurefreiem und chlorfrei gebleichtem Papier

Springer Gabler ist eine Marke von Springer DE. Springer DE ist Teil der Fachverlagsgruppe Springer Science+Business Media
www.springer-gabler.de

Vorwort

Die Bedeutung von Industriedienstleistern ist in den letzten Jahren stark gestiegen. Verstärkt nutzen Unternehmen für Aufgaben außerhalb des Kerngeschäftes externe Dienstleister. Um diese Dienstleister erfolgreich führen zu können, bedarf es einer wettbewerbsfähigen Strategie. Denn eine gute Strategie und deren konsequente Umsetzung sind Voraussetzung für den langfristigen Erfolg eines Unternehmens.

Grundlage für das vorliegende Werk ist der Aufsatz „Entwicklung wettbewerbsfähiger Strategien für Industriedienstleister" in dem Buch Seeger, Kerstin/Seeger, Adrian (Hrsg.): Management von Industriedienstleistern, Wiesbaden 2010. Das Buch zeigt praxiserprobte und praktikable Ansatzpunkte auf, wie das Management von Industriedienstleistern erfolgreich gestaltet werden kann. Dabei werden sowohl theoretische Konzepte auf die Branche übertragen als auch praktische Erfahrungen aus dem Management von Industriedienstleistern aufgezeigt.

Für das vorliegende Werk wurde der Aufsatz überarbeitet und aktualisiert; neue Erkenntnisse wurden eingearbeitet.

„Erfolgreiche Strategiearbeit für Industriedienstleister" ermöglicht einen schnellen Einstieg in die Thematik der Strategiearbeit. Das Werk gibt einen Überblick über ein praxiserprobtes und erfolgreiches Vorgehen im Rahmen des Strategieprozesses.

Ich wünsche Ihnen, dass das dargestellte Vorgehen auch für Sie erfolgreich ist!

Prof. Dr. Kerstin Seeger

Inhaltsverzeichnis

1 Einleitung

Eine gute Strategie und Strategieumsetzung sind erfolgskritisch und steigern das Ergebnis des Unternehmens – so das Ergebnis einer Studie der Performance Consulting GmbH aus dem Jahr 2013. Im Durchschnitt erwarten die Geschäftsführer eine Verbesserung des Ergebnisses um mehr als 20 %, wenn sie ihre Strategie und ihre Strategiearbeit weiter verbessern (vgl. Performance Consulting 2013). Anlass genug, sich mit der Strategiearbeit eingehend zu beschäftigen.

Strategie wird dabei verstanden als die grundsätzliche Ausrichtung einer Organisation, die die Gestaltung der Ressourcen und Kompetenzen sowie die dauerhafte Verhaltensweise des Unternehmens bestimmt.

Mit einer tragfähigen Strategie ist es dem Unternehmen möglich, sich in der Wettbewerbsumwelt dauerhaft Vorteile zu verschaffen, und zwar sowohl gegenüber den direkten Wettbewerbern im Sinne anderer Industriedienstleister als auch gegenüber den internen Leistungserbringern in den Kundenunternehmen. Nur darüber kann es gelingen, den langfristigen Erfolg des Unternehmens zu sichern (vgl. Seeger und Seeger 2007, S. 196).

Die Erarbeitung der Strategie erfolgt in einem strukturierten Prozess. Ausgangspunkt eines umfassenden Strategieprozesses ist die strategische Analyse. Auf Basis der Analyse erfolgt die Entwicklung alternativer Strategieoptionen. Diese werden im nächsten Schritt bewertet, damit die geeignete Strategieoption ausgewählt werden kann. Schließlich wird die gewählte Strategie operationalisiert und im Unternehmen verankert (vgl. Currle und Schwertner 2004, S. 31 ff.).

Inhaltlich beschäftigt sich die Strategiearbeit mit der Analyse und Ausgestaltung der Elemente der Strategie im Sinne des Strategiemodells. Diese Elemente der Strategie umfassen die Wettbewerbsarena, den strategischen Rahmen sowie das strategische Zielsystem (vgl. zur Darstellung des Strategiemodells Currle und Schwertner 2005, S. 32 ff.).

K. Seeger, *Erfolgreiche Strategiearbeit für Industriedienstleister*, essentials,
DOI 10.1007/978-3-658-04008-6_1, © Springer Fachmedien Wiesbaden 2014

Industriedienstleister stehen vor umfassenden Herausforderungen. So gehen vermehrt Industrieunternehmen dazu über, bisher interne Funktionen in eigenständige Unternehmen auszulagern, die als Beteiligungsunternehmen des Industrieunternehmens geführt werden. Damit ergibt sich neue Konkurrenz für die bestehenden Industriedienstleister. Auf der Kostenseite beeinflusst die Einführung eines Mindestlohns die Differenz zwischen den Industriedienstleistern und ihren Kunden. Teil der Herausforderung ist es auch, sich auf die immer schneller werdenden Veränderungen des Marktes einzustellen und Strategien zu entwickeln, die diesen Veränderungsprozessen rasch und ohne großen Aufwand angepasst werden können.

Auch die Konzentration in der Industriedienstleistungsbranche nimmt zu. Große Industriedienstleister kaufen verstärkt kleinere Unternehmen, um hierdurch das eigene Kunden- oder Dienstleistungsportfolio zu erweitern.

Zudem müssen hoch spezialisierte Dienstleistungen durch die Industriedienstleister nicht nur im Einzelfall, sondern schnell auch in großem Umfang nutzbar werden, um synergetische Potenziale zu nutzen und damit die Wettbewerbsfähigkeit zu steigern.

Erster Schritt: Analyse der Wettbewerbsarena

2

Grundvoraussetzung zur Entwicklung einer Strategie, mit der das Unternehmen im Wettbewerb bestehen kann, ist die genaue Kenntnis eben dieses Wettbewerbs. Daher bildet den Startpunkt des Strategieprozesses die Analyse der Wettbewerbsarena. Diese besteht aus der Wettbewerbsarena im engeren Sinne, die Ohmae das „strategische Dreieck“ nennt: Die Kunden, die Wettbewerber und das Unternehmen selber (vgl. Ohmae 1982, S. 91 ff.). Die Wettbewerbsarena im weiteren Sinne umfasst darüber hinaus das globale Umfeld des Unternehmens. Hier stehen insbesondere das politisch-rechtliche, das demografisch-ökonomische, das soziokulturelle und das technologisch-ökologische Umfeld im Mittelpunkt der Analyse (vgl. zu geeigneten Instrumenten für die Umfeldanalyse Bea und Haas 2005, S. 86 ff.).

2.1 Analyse des Umfeldes des Industriedienstleisters

Die Wettbewerbsarena von Industriedienstleistern in Deutschland wird insbesondere durch die Besonderheiten im politisch-rechtlichen Umfeld sowie die demografischen Entwicklungen beeinflusst. Daher stehen diese Elemente des globalen Umfeldes im Mittelpunkt der Analyse. Neben den Besonderheiten des unmittelbaren Marktumfeldes, innerhalb dessen der Industriedienstleister tätig ist, ergeben sich gerade für international tätige Industriedienstleister weitere Herausforderungen. Diese sind geprägt durch die Spezifika des jeweiligen Landes und müssen im Einzelfall detailliert analysiert werden. Insbesondere der Kenntnis landesspezifischer tarifrechtlicher und arbeitsrechtlicher Besonderheiten kommt bei Industriedienstleistern eine hohe Bedeutung zu.

Das politisch-rechtliche Umfeld für Industriedienstleister in Deutschland wird maßgeblich beeinflusst durch die herrschende Tarifpraxis. Diese Situation ist entscheidend für ausgelagerte Unternehmen. Hier ist oft eine völlig ungeeignete

K. Seeger, *Erfolgreiche Strategiearbeit für Industriedienstleister*, essentials,
DOI 10.1007/978-3-658-04008-6_2, © Springer Fachmedien Wiesbaden 2014

Tarifstruktur anzutreffen, die es gilt, im Zeitverlauf auf das Tarifniveau des Wettbewerbs zu bringen. Denn eine geeignete Tarifstruktur ist ein Element des Kostenvorteils des Dienstleisters gegenüber dem Industrieunternehmen.

Die demografisch-ökonomische Entwicklung führt dazu, dass auch bei Industriedienstleistern das notwendige Spezialistentum abschmilzt. In der Konsequenz konkurrieren nun die Dienstleister mit ihren Kunden am Arbeitsmarkt um die besten Kräfte. Diese Situation wird sich trotz wirtschaftlichen Abschwungs weiter verschärfen.

Zum Einstieg in die Analyse der Wettbewerbsarena im engeren Sinne ist zunächst der Markt für Industriedienstleistungen genauer zu untersuchen. Ein geeignetes Instrument zur Analyse des Marktes ist Porters Analyse der Wettbewerbskräfte (vgl. Porter 1980, S. 6 ff.). Hierbei werden die Markteintrittsbarrieren, die Gefahr von Substituten, die Verhandlungsstärke der Kunden, die Verhandlungsstärke der Lieferanten und die Wettbewerber innerhalb der Branche untersucht. Diese Wettbewerbskräfte beeinflussen die Intensität des Wettbewerbs und damit die Rivalität in der Branche.

Die Eintrittsbarrieren in den Markt für Industriedienstleistungen können prinzipiell als niedrig bezeichnet werden. Große Investitionen sind nicht erforderlich, falls doch, so stehen sie in direktem Zusammenhang zu einem Kundenauftrag. Entscheidender Faktor beim Eintritt in den Markt ist das dem Leistungsspektrum angemessene Know-how, zunehmend verbunden mit den Aspekten Qualität, Flexibilität und Arbeitssicherheit (vgl. Seeger und Seeger 2008, S. 46 ff.).

In Bezug auf Substitute stellt die Eigenerstellung der Leistungen durch interne Leistungserbringer das bedeutsamste Risiko dar. Die eigentliche Leistungserbringung kann bei Industriedienstleistungen schwer ersetzt werden – im Gegensatz zu beispielsweise Logistikdienstleistungen, bei denen eine klassische Spedition nicht nur abhängig von dem zu transportierenden Gut und der Distanz ist, sondern neben den Wettbewerbern in der eigenen Branche auch dem Wettbewerb von Paketdiensten, Luftfracht-Dienstleistern oder Bahnunternehmen gegenübersteht. Die Substitutionsgefahr durch die Eigenerstellung der Leistung durch interne Leistungserbringer ist gerade bei solchen Dienstleistungen, bei denen der Know-how-Verlust durch die Auslagerung unbedeutend ist, konjunkturellen Schwankungen unterworfen. Im anderen Fall gibt es keine Substitutionsgefahr durch interne Dienstleister, da diese oft bereits auf den Industriedienstleister übergegangen sind und damit das Know-how im Kundenunternehmen nicht mehr vorhanden ist.

Die Verhandlungsstärke der Kunden ist gerade bei der erstmaligen Vergabe der Leistung hoch. Für den Kunden besteht grundsätzlich nicht der Zwang, das Angebot des Industriedienstleisters anzunehmen; er kann die Leistung auch weiterhin selbst erbringen. Bei zunehmender Integration des Dienstleisters in die Leistungsprozesse des Kunden nimmt jedoch die Verhandlungsstärke des Kunden ab, da hierdurch die Abhängigkeit des Kunden von dem Industriedienstleister steigt. Die Verhandlung der Konditionen tritt jetzt in den Hintergrund; Integration und Steuerung der Zusammenarbeit in gemeinsamen Gremien wie beispielsweise den Steering Commitees treten in den Vordergrund.

Die wichtigste Ressource jedes Industriedienstleisters sind nicht Materialien, sondern seine Mitarbeiter. Gerade den Führungskräften kommt bei den häufig regional aufgestellten Industriedienstleistern aufgrund des engen Kundenkontaktes eine hohe Bedeutung zu. Daher spielen in Bezug auf die Verhandlungsstärke der Lieferanten insbesondere die (potenziellen) Mitarbeiter eine entscheidende Rolle. Abhängig von der Verfügbarkeit der erforderlichen Qualifikationsniveaus am Arbeitsmarkt schwankt die Verhandlungsstärke. Gerade bei hoch qualifizierten Mitarbeitern mit sehr spezifischen Qualifikationen ist die Verfügbarkeit am Arbeitsmarkt häufig eingeschränkt.

Der Markt für Industriedienstleistungen ist geprägt durch eine Vielzahl an Wettbewerbern unterschiedlicher Größenordnungen: Die Bandbreite reicht von Unternehmen mit wenigen Dutzend Mitarbeitern, einem engen Dienstleistungsangebot, einigen wenigen Kunden mit hoher Flexibilität und geringen Overhead-Strukturen bis hin zu Großunternehmen mit mehreren Zehntausend Mitarbeitern, einem breiten Dienstleistungsangebot, einem breiten Kundenkreis, häufig deutlich geringerer Flexibilität und ausgeprägten Overhead-Strukturen mit den damit verbundenen Kosten. Es zeichnet sich der Trend ab, auch in großen Dienstleistungs-Unternehmen über geeignete regionale Organisationsstrukturen die Vorteile der lokal agierenden kleinen Dienstleistungs-Unternehmen zu nutzen, um darüber die Wettbewerbsfähigkeit weiter zu steigern.

Für die Rivalität in der Branche folgt daraus, dass diese als groß zu kennzeichnen ist. Geringe Markteintrittsbarrieren sowie eine hohe Verhandlungsstärke der Kunden und Lieferanten führen dazu, dass eine große Anzahl an Wettbewerbern nicht nur um die Aufträge, sondern auch um die geeigneten Mitarbeiter konkurriert.

Für kleine und mittelständische Unternehmen kann es sich anbieten, zur Analyse der Wettbewerbsarena ein pragmatischeres Vorgehen zu wählen. Hierzu ist ein fragenbasiertes Vorgehen zu empfehlen, das basierend auf den dargestellten Analyse-Instrumenten die für das jeweilige Unternehmen wesentlichen Fragen zur Wettbewerbsarena in den Vordergrund stellt und diese beantwortet. Erfahrungen im Rahmen von Strategieprozessen bei mittelständischen Industriedienstleistern zeigen, dass der Vorteil in einem deutlich geringeren Aufwand in der Analysephase bei gleichzeitig guten Analyse-Ergebnissen liegt (vgl. Performance Consulting 2013).

2.2 Analyse der Erfolgspotenziale von Industriedienstleistern

Weiteres Element der Analyse der Wettbewerbsarena im engeren Sinne ist die Analyse des Unternehmens selbst. Zweck der Unternehmensanalyse ist es, die gegenwärtig vorhandenen und zukünftig erwarteten Stärken und Schwächen des Unternehmens aufzuzeigen. Dabei bietet es sich an, die wesentlichen Erfolgspotenziale vorab zu identifizieren, um eine strukturierte Analyse der Stärken und Schwächen durchführen zu können.

Aus den Ergebnissen der vorangegangenen strategischen Analyse des Unternehmensumfeldes können Erfolgspotenziale für das Unternehmen abgeleitet werden. Erfolgspotenziale sind entscheidend dafür, dass sich das Unternehmen vom Wettbewerb differenzieren kann und wettbewerbsfähig ist. Im hier zugrunde liegenden Verständnis sind Erfolgspotenziale damit all diejenigen Elemente, die dem Unternehmen helfen, seine Vision zu realisieren.

Diese Erfolgspotenziale werden zum einen durch die Branche beeinflusst, in der das Unternehmen tätig ist, zum anderen durch das spezifische Geschäftsmodell des Unternehmens. Dabei ist ein Geschäftsmodell die modellhafte Beschreibung eines Unternehmens (vgl. Seeger und Suntrop 2011, S. 52 ff.). Sie beschreibt, „... how a company selects ist customers, defines and differentiates its offerings, defines the tasks it will perform itself and those it will outsource, configures its resources, goes to market, creates utility for customers, and captures profit“ (Slywotzky 1996, S. 4).

Bezüglich der Kategorisierung der Erfolgspotenziale wird der BSC-Logik gefolgt (vgl. zur ausführlichen Darstellung der Balanced Scorecard Kaplan und Norton 1996; Horváth & Partners 2007). Dazu werden die vier Perspektiven - Finanzen, Kunden, Prozesse und Mitarbeiter - als Kategorien für die Erfolgspotenziale genutzt.

Oberster Erfolgsmaßstab für jedes Unternehmen ist der finanzielle Erfolg im Sinne des Ergebnisses oder des Wertbeitrages des Unternehmens. Daraus leiten sich als Erfolgspotenziale auf der Finanzperspektive unmittelbar der Umsatz sowie die Kosten ab. Zwar hat ein Industriedienstleister im Vergleich zu einem produzierenden Unternehmen i. d. R. einen deutlich geringeren Kapitalbedarf, dennoch können die Finanzlage bzw. die Finanzierungsmöglichkeiten auch für einen Industriedienstleister Erfolgspotenziale darstellen. Insbesondere vor dem Hintergrund einer Wachstumsstrategie, die auch auf der Akquisition von Wettbewerbern gründet, wird die Verfügbarkeit ausreichender Finanzmittel erfolgsentscheidend.

Zur Realisierung des finanziellen Erfolgs sind die wesentlichen Erfolgspotenziale im Hinblick auf die Kunden und die Prozesse des Dienstleisters zu nutzen. Die kundenbezogenen Erfolgspotenziale eines Industriedienstleisters leiten sich aus den Erwartungen der Kunden ab.

Entsprechend Porters Wettbewerbsstrategien stehen jedem Unternehmen zwei grundsätzliche Strategieoptionen zur Verfügung, um sich im Wettbewerb Vorteile zu verschaffen: die Differenzierungsstrategie und die Strategie der Kostenführerschaft. Mit beiden Strategieoptionen kann sich das Unternehmen sowohl auf dem Gesamtmarkt als auch in einer Nische positionieren. Ein Unternehmen wird langfristig nur dann erfolgreich sein, wenn es zwischen diesen Optionen eine klare Entscheidung trifft (vgl. Porter 1980).

Um die Frage nach der Bearbeitung des Gesamtmarktes oder einer Nische zu beantworten, sind zunächst die Kundengruppen des Dienstleisters zu nennen sowie die Schwerpunkte innerhalb der Kundenstruktur zu identifizieren. Dabei spielt nicht nur die Branche der Kundenunternehmen eine entscheidende Rolle, sondern darüber hinaus auch der Grad der Kundendurchdringung mit mehreren Dienstleistungen.

Mit seinem Preis-Leistungs-Angebot muss sich der Dienstleister aus Sicht der Kunden von den Wettbewerbern differenzieren, um erfolgreich am Markt zu sein. Dies kann er analog zu Porters Wettbewerbsstrategien entweder über im Vergleich zu den Wettbewerbern niedrige Preis oder die Differenzierung des Leistungsangebotes erreichen. Hier sind Themen wie die Leistungsbreite und -tiefe, die Qualität der Leistungserstellung sowie allgemein die Erfüllung der kundenseitigen Erwartungen als Erfolgspotenzial zu untersuchen. Hierbei ist für jedes Leistungsangebot die aktuelle Marktposition zu analysieren. Daneben wird die Preisgestaltung oder Preispolitik als Erfolgspotenzial untersucht.

Industriedienstleistung ist ein Geschäft, das stark auf dem Vertrauen des Kunden in die Leistungsfähigkeit des Dienstleisters basiert. Dieses kundenseitige Vertrauen wird durch persönliche Erfahrungen geprägt, aber auch durch das Image des Dienstleisters am Markt. Somit wird das Image bzw. die Positionierung am Markt als Erfolgspotenzial betrachtet.

Während das Vertrauen in die Leistungsfähigkeit des Dienstleisters insbesondere zu Beginn der Geschäftsbeziehung erfolgsentscheidend ist, ist es im weiteren Verlauf die Zufriedenheit des Kunden mit der Leistungserstellung sowie den verbundenen Prozessen des Dienstleisters. Die Zufriedenheit wirkt sich wiederum maßgeblich auf die Kundenbindung aus, so dass beide Faktoren als Erfolgspotenziale zu betrachten sind.

Industriedienstleistungen werden vor Ort beim Kunden erbracht. Damit stellt die regionale Verbreitung eines Dienstleisters bis hin zur Internationalisierung im Vergleich zu produzierenden Unternehmen erhöhte Anforderungen. Entsprechend sind die regionalen Märkte, auf denen der Dienstleister aktiv ist, ebenfalls ein zu untersuchendes Erfolgspotenzial.

Auf der Prozessperspektive bestehen die Erfolgspotenziale aus den erfolgskritischen Prozessen eines Industriedienstleisters sowie aus seinem organisatorischen Aufbau.

Gemäß Chandlers bekanntem Zitat „Structure follows Strategy!“ (Chandler 1962, S. 14) ist die Organisationsstruktur im Hinblick auf ihre Passung zur Strategie zu beschreiben. Hier zeigt sich der bereits erwähnte Trend, dass Dienstleister sich vornehmlich regional organisieren, um nah am Kunden zu sein.

Erfolgskritische Prozesse eines Industriedienstleisters im Hinblick auf die kundenbezogenen Erfolgspotenziale sind insbesondere der Auftragsabwicklungsprozess sowie der Angebotsprozess mit der Kalkulation. Aber auch der Abrechnungsprozess kann – insbesondere soweit die Erwartungen der Kunden hier nicht erfüllt werden – erfolgskritisch sein.

Abhängig vom Leistungsspektrum des Industriedienstleisters werden weitere Prozesse zu Erfolgspotenzialen: Bei logistikintensiven Dienstleistungen werden die Logistikprozesse in die Betrachtung einbezogen. Beispiel hierfür ist die Bedeutung der Gerüstlogistik bei einem Gerüstbauer. Bei materialintensiven Dienstleistungen nimmt der Einkauf eine entscheidende Rolle ein. Beispiel hierfür sind Dienstleistungen im Bereich des C-Teile-Managements.

Unterstützt werden all diese Prozesse durch die IT-Infrastruktur, die sich ebenfalls als Erfolgspotenzial erweist. In Bezug auf die finanziellen Erfolgsfaktoren kommt der Produktivität in allen Prozessen als Erfolgspotenzial Bedeutung zu.

Schließlich werden die Erfolgspotenziale auf der Potenzialperspektive untersucht, die die Nutzung der Erfolgspotenziale auf der Prozess- und Kundenperspektive beeinflussen. Bei einem Dienstleister sind hier in erster Linie die Mitarbeiter zu nennen, denn die Mitarbeiter sind entscheidend für die gesamte Leistungserbringung des Dienstleisters und damit für seinen Erfolg. Hier sind sowohl die Qualifikationen der Mitarbeiter im operativen Bereich im Hinblick auf das angebotene Leistungsspektrum zu untersuchen als auch die vorhandenen Führungsqualifikationen, denn erfolgreiche Industriedienstleistung erfordert sowohl Know-how in den Leistungsprozessen als auch die richtige Führungskompetenz. Insbesondere den unternehmerisch geprägten Führungskräften in der Regionalorganisation kommt hierbei eine entscheidende Bedeutung zu.

Neben die Leistungsfähigkeit muss stets auch die Leistungswilligkeit treten, damit Leistung erzielt werden kann. Daher ist die Motivation der Mitarbeiter im Sinne der Zufriedenheit und der Mitarbeiterbindung als Erfolgspotenzial zu betrachten. Auch die Mitarbeiterstruktur ist bedeutsam, sowohl als absolute Summe der Beschäftigten als auch als relative Verteilung: sei es die altersmäßige Struktur oder die qualifikationsmäßige Struktur.

Für jedes Kriterium, das als Erfolgspotenzial identifiziert worden ist, wird die Ist-Position des Industriedienstleisters formuliert. Damit wird die Frage beantwortet, wo das Unternehmen heute steht.

Das systematische Durchdenken der Erfolgspotenziale führt zur Identifikation der wesentlichen Stärken und Schwächen des Industriedienstleisters. Diese können um die im Rahmen der Umfeldanalyse identifizierten Chancen und Risiken ergänzt werden. Damit führt die Erfolgspotenzial-Analyse die Ergebnisse der vorangegangenen Analysen zusammen und gibt eine übersichtliche Lagebeschreibung der Wettbewerbsarena. Damit bildet sie den Ausgangspunkt für die wettbewerbsfähige Gestaltung des strategischen Rahmens.

3 Zweiter Schritt: Treffen von strategischen Grundsatzentscheidungen

Zweiter Schritt im Rahmen des Strategieprozesses ist das Treffen von strategischen Grundsatzentscheidungen. Hierdurch wird aufbauend auf den Ergebnissen der strategischen Analyse der strategische Rahmen gestaltet. Die strategischen Grundsatzentscheidungen beinhalten die Formulierung von Vision und Mission ebenso wie die Gestaltung des Geschäftsmodells des Unternehmens und die Festlegung der grundsätzlichen Ziel-Position des Unternehmens (zur Differenzierung in den strategischen Rahmen und das strategische Zielsystem vgl. Horváth & Partners 2007, S. 114 ff.).

Der Zweck des Unternehmens wird in der Mission formuliert. Sie beantwortet die Frage, welche Rolle das Unternehmen heute und zukünftig einnimmt. Die Mission hat langfristig Bestand. Sie ist zeitlich unbefristet und beschreibt die „Existenzberechtigung" des Unternehmens.

Die auf die Zukunft gerichtete Leitidee des Unternehmens wird in der Vision formuliert. Eine Vision wird so formuliert, dass sie sinnstiftend, motivierend und handlungsleitend für das Unternehmen und seine Mitarbeiter wirkt (vgl. Müller-Stewens und Lechner 2005, S. 235). Die formulierte Vision beinhaltet idealtypisch den zeitlichen Horizont, bis zu dem die Vision Realität geworden ist. Damit kann die Vision auch als „Traum mit Verfallsdatum" bezeichnet werden.

Darüber hinaus werden Aussagen zu den angebotenen Leistungen des Dienstleisters sowie den Zielkundengruppen getroffen. Schließlich sollte in der Vision formuliert sein, durch welche Merkmale sich das Unternehmen von den Wettbewerbern abgegrenzt.

Im Folgenden wird das dargestellte Vorgehen anhand eines Beispiel-Unternehmens konkretisiert (vgl. Abb. 3.1).

Aufbauend auf den strategischen Grundsatzentscheidungen, die in der Vision und Mission formuliert werden, wird die Ziel-Position des Industriedienstleisters konkretisiert. Das Vorgehen orientiert sich analog zur Analyse der Ist-Position an

K. Seeger, *Erfolgreiche Strategiearbeit für Industriedienstleister*, essentials, DOI 10.1007/978-3-658-04008-6_3, © Springer Fachmedien Wiesbaden 2014

Mission
Mit unseren komplexen Dienstleistungen steigern wir die Effizienz unserer Kunden in der Chemieindustrie. Wir zeichnen uns durch technische Kompetenz, Zuverlässigkeit und Flexibilität aus.

Vision
Im Jahr 2013 sind wir deutschlandweit mit unserem gesamten Dienstleistungsportfolio präsent und bieten unseren Kunden in der Chemieindustrie komplexe Dienstleistungen auf höchstem technischen Niveau. Damit erwirtschaften wir einen profitablen Umsatz von 300 Mio. Euro.

Abb. 3.1 Mission und Vision des Beispiel-Unternehmens

den identifizierten Erfolgspotenzialen. Zu jedem Erfolgspotenzial wird festgelegt, wie das Unternehmen zu einem definierten zukünftigen Zeitpunkt diesbezüglich aufgestellt sein will. Dabei muss die zukünftige Ausgestaltung der Erfolgspotenziale geeignet sein, die Vision des Unternehmens zu realisieren. Geeigneter Zeithorizont für die Vision und die Ziel-Position sind fünf Jahre. Damit zeichnet die Ziel-Position ein die Vision konkretisierendes Bild des Unternehmens, wie es in fünf Jahren aussieht.

4 Dritter Schritt: Operationalisierung der Strategie

4.1 Mit der Strategiebrücke von der Ist- zur Ziel-Position

Das dargestellte Vorgehen zur Erarbeitung des strategischen Rahmens sowie zur anschließenden Operationalisierung der Strategie kann auch bildlich ausgedrückt werden: Dem Verständnis der Vision als „Traum“ folgend, besteht aus heutiger Sicht eine „Schlucht“ zwischen dem aktuellen Standpunkt des Unternehmens und seiner Vision. Diese „Schlucht“ kann mit einer Brücke überwunden werden. Da diese Brücke dem Unternehmen hilft, seine Vision zu realisieren, soll sie hier als Strategiebrücke bezeichnet werden. Mit der Ist- und Ziel-Position sind die beiden Pfeiler der Strategiebrücke definiert. Um die Lücke zwischen Ist- und Ziel-Position zu schließen, muss das Unternehmen spezifische Entwicklungsschritte durchlaufen. Die Operationalisierung der Strategie besteht darin, die Entwicklungslücke zwischen der Ist- und der Ziel-Position zu schließen. Dazu muss der Industriedienstleister die Frage beantworten, welche Ziele er realisieren muss, um von der Ist- zur Ziel-Position zu gelangen. Dies erfolgt durch die Formulierung konkreter strategischer Ziele. Damit schlagen die strategischen Ziele die Brücke zwischen der Ist- und der Ziel-Position und stellen gleichsam die erforderlichen Entwicklungsschritte dar. Die Abb. 4.1 zeigt dieses Vorgehen auf.

Dabei legt der strategische Rahmen mit Vision und Mission im wörtlichen Sinne den Rahmen fest, innerhalb dessen das strategische Zielsystem ausgestaltet werden kann. Während der strategische Rahmen über lange Zeiträume hin konstant bleibt, ist das strategische Zielsystem einer deutlich schnelleren Veränderung unterworfen. Dies resultiert daraus, dass sich mit jeder Weiterentwicklung des Unternehmens entsprechend der Erreichung seiner strategischen Ziele der jeweils aktuelle Ist-Zustand verändert. Wenn auch die Ziel-Position über lange Zeiträume konstant bleibt, so bedingt jedoch eine weiterentwickelte Ist-Position einen modi-

K. Seeger, *Erfolgreiche Strategiearbeit für Industriedienstleister*, essentials,
DOI 10.1007/978-3-658-04008-6_4, © Springer Fachmedien Wiesbaden 2014

Abb. 4.1 Strategiebrücke

fizierten Weg von der Ist- zur Ziel-Position und damit ein angepasstes strategisches Zielsystem.

Zur Gestaltung des strategischen Zielsystems wird die Strategie in klar definierte strategische Ziele operationalisiert, die festlegen, was das Unternehmen konkret erreichen will. Für jedes Erfolgspotenzial wird hinterfragt, wie groß die Lücke zwischen Ist- und Ziel-Position ist und wie das Unternehmen diese Entwicklungslücke schließen kann. Abhängig von dem Ausmaß der Entwicklungslücke und der Handlungsnotwendigkeit wird entschieden, ob daraus ein strategisches Ziel abgeleitet werden muss:

Stimmen Ist- und Ziel-Position (nahezu) überein, d. h. existiert keine Entwicklungslücke, und ist zudem keine Anstrengung erforderlich, um die Position zu halten, besteht keine Notwendigkeit, für dieses Erfolgspotenzial ein strategisches Ziel abzuleiten.

Besteht hingegen eine Entwicklungslücke zwischen Ist- und Ziel-Position oder sind größere Anstrengungen erforderlich, die Position zu halten, müssen strategische Ziele abgeleitet werden, die helfen, die Entwicklungslücke zu schließen.

Damit ist mit der Strategiebrücke ein strukturiertes Vorgehen gegeben, die strategischen Ziele konsequent aus der zugrunde liegenden strategischen Analyse sowie den strategischen Grundsatzentscheidungen abzuleiten.

Da bereits die Erfolgspotenziale in Anlehnung an die Perspektiven der Balanced Scorecard identifiziert worden sind, können die erarbeiteten strategischen Ziele als Ausgangspunkt einer Balanced Scorecard unmittelbar den einzelnen Perspektiven zugeordnet werden. Die Betrachtung der vier Perspektiven stellt zudem sicher, dass das Zielsystem ausgewogen gestaltet ist, statt sich einseitig auf die finanziellen Erfolgsziele zu fokussieren.

Abb. 4.2 Auszug der strategischen Ziele des Beispiel-Unternehmens

Die Ziele beantworten damit die Leitfragen der jeweiligen Perspektive (vgl. Horváth & Partners 2007).

Die Ziele der Finanzperspektive beantworten die Frage, welche finanziellen Erfolgsziele das Unternehmen erreichen will, um seine Vision zu realisieren.

Die Ziele der Kundenperspektive beantworten die Frage, wie die kundenseitigen Erfolgsfaktoren ausgestaltet sein müssen, damit sich das Unternehmen aus Kundensicht von den Wettbewerbern abgrenzt und damit die kundenbezogenen Erfolgsziele erreicht. Die kundenbezogenen Erfolgsziele wiederum beeinflussen unmittelbar die finanziellen Erfolgsziele des Unternehmens.

Die Ziele der Prozessperspektive beantworten die Frage, wie die prozessualen Erfolgsfaktoren ausgestaltet sein müssen, um einerseits die Kundenziele und andererseits die Finanzziele bestmöglich zu unterstützen.

Die Ziele der Potenzialperspektive schließlich beantworten die Frage, welche Potenziale für das Unternehmen als Erfolgsfaktoren anzusehen sind und wie diese zukünftig weiterzuentwickeln sind, damit die Ziele der Prozess- und Kundenperspektive bestmöglich unterstützt werden.

Dabei bleiben die strategischen Ziele der Balanced Scorecard nicht isoliert nebeneinander stehen. Vielmehr werden diese auf einer Strategy Map im Sinne einer strategischen Landkarte in ihrer Gesamtheit dargestellt. Die strategisch beabsichtigten Wirkungszusammenhänge zwischen den strategischen Zielen werden auf der Strategy Map durch Pfeile abgebildet, die die entsprechenden Ziele miteinander verbinden (vgl. Kaplan und Norton 2004).

Dadurch zeigt die Strategy Map auf, warum sich der Industriedienstleister bestimmte Ziele vorgenommen hat, und wie diese die Realisierung der Vision unterstützen. Daraus resultiert die Möglichkeit, mit Hilfe der Strategy Map die „Geschichte der Strategie" zu erzählen und diese so verständlich an die Mitarbeiter im Unternehmen zu kommunizieren.

Als Brücke zwischen der Ist- und der Ziel-Position hat das Beispiel-Unternehmen ungefähr 20 wesentliche strategische Ziele für die vier Perspektiven formuliert. Einen Auszug hieraus zeigt die Abb. 4.2.

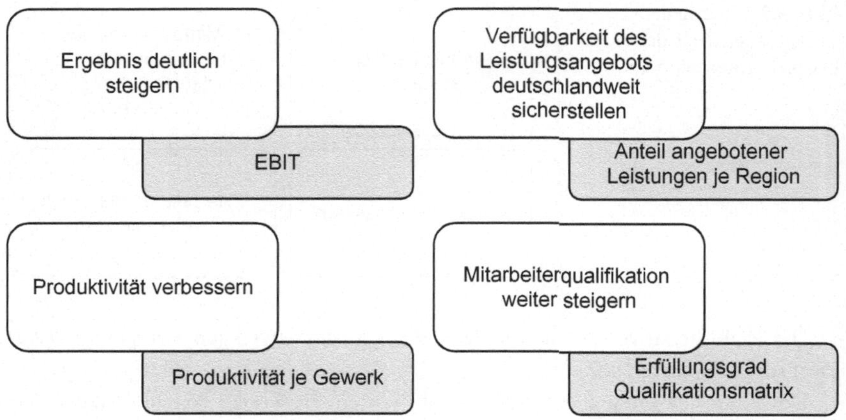

Abb. 4.3 Auszug der strategischen Messgrößen des Beispiel-Unternehmens

4.2 Messgrößen und Maßnahmen zur weiteren Operationalisierung der Strategie

Mit der Formulierung der strategischen Ziele ist der erste Schritt der Operationalisierung der Strategie im Sinne der Balanced Scorecard erarbeitet. Analog zu der bekannten Aussage „If you can't measure it, you can't manage it." (Drucker) bedarf eine konsequente Strategieoperationalisierung zusätzlich der Festlegung von Messgrößen. Diese geben Auskunft darüber, woran festgemacht werden kann, ob ein Ziel erreicht worden ist. Dabei kommt es bei jedem Ziel darauf an, nicht einfach mögliche Messgrößen zu finden, sondern die bestgeeigneten Messgrößen auszuwählen.

Das Ablesen der Zielerreichung ist ausschlaggebendes Qualitätskriterium für die Eignung einer Messgröße. Darüber hinaus muss die Messgröße gewährleisten, dass sie das Verhalten der Mitarbeiter in die richtige Richtung lenkt. Erst im Anschluss an die Prüfung dieser beiden Anforderungen ist zu untersuchen, ob die Messgröße prinzipiell erhebbar ist, welche Schritte ggf. erforderlich sind, um die Messgröße im Unternehmen zu erheben, und wie aufwändig die laufende Erhebung der Messgröße ist. Erst die Beantwortung all dieser Fragen erlaubt die schlussendliche Auswahl der Messgrößen, die in der Balanced Scorecard Verwendung finden sollen.

Wesentliche strategische Messgrößen für den Industriedienstleister sind in der Abb. 4.3 dargestellt.

Das Setzen und Messen der strategischen Ziele allein generiert noch keine Aktionen. Das Unternehmen und seine Mitarbeiter werden dadurch allein nicht veranlasst, etwas zu unternehmen, das auf die Realisierung der Vision hinwirkt. Da-

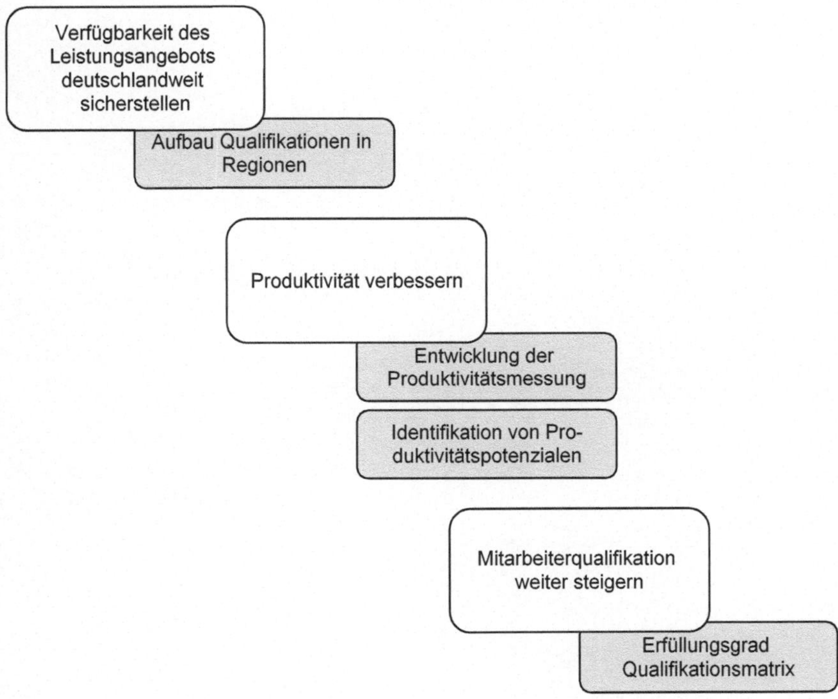

Abb. 4.4 Auszug der strategischen Maßnahmen des Beispiel-Unternehmens

zu bedarf es zusätzlich der Definition strategischer Maßnahmen. Diese beantworten die Frage, was zu tun ist, um das jeweilige Ziel zu erreichen.

Maßnahmen im Sinne der Balanced Scorecard haben Projektcharakter. Sie zielen auf die Erreichung eines einmaligen Resultates ab. Maßnahmen sind damit gekennzeichnet durch einen definierten Start- und Endtermin sowie einen beschreibbaren Ressourcenbedarf. Um die Umsetzung der Maßnahmen zu unterstützen, ist für jede Maßnahme eindeutig die Verantwortlichkeit festzulegen.

Der Beispiel-Industriedienstleiter hat ein umfassendes Maßnahmenprogramm formuliert, um die Erreichung der strategischen Ziele sicherzustellen. Die Verantwortung für die Durchführung der Maßnahmen haben vornehmlich Führungskräfte der ersten und zweiten Führungsebene übernommen, um so zum einen ein klares Commitment des Managements in Bezug auf die Strategie aufzuzeigen, zum anderen ihre Durchsetzungskraft bei der Strategieumsetzung zu nutzen. Wesentliche Maßnahmen sind in der Abb. 4.4 beispielhaft dargestellt.

Damit ist die erste Voraussetzung dafür gegeben, dass der Industriedienstleister im Wettbewerb erfolgreich agieren kann: Eine tragfähige Strategie ist entwickelt und operationalisiert.

Nächste Schritte 5

Mit der Entwicklung und Operationalisierung einer tragfähigen Strategie nutzt der Industriedienstleister bereits wesentliche Erfolgselemente einer konsequenten Strategiearbeit für sich. Dies allein reicht jedoch noch nicht aus, um die in der Vision formulierte Leitidee des Unternehmens zu realisieren. Nur durch die Verbindung der erarbeiteten Strategie mit einer konsequenten Umsetzungsarbeit kann der Industriedienstleister die Erfolgspotenziale der Strategie ausschöpfen.

Die Umsetzung der Strategie bedingt zunächst einmal, dass die Strategie den Mitarbeitern bekannt ist. Grundvoraussetzung hierzu ist eine klare und verständliche Kommunikation der Strategie. Ein geeignetes Instrument ist die Strategy Map. Diese kann auf vielfältige Weise im Unternehmen zur Kommunikation genutzt werden. Jedoch ist die Strategie in vielen Unternehmen Geheimsache. In rund 30 % der Unternehmen wird die Strategie nicht an die Mitarbeiter kommuniziert (vgl. Performance Consulting 2013).

Das „Kennen" der Strategie seitens der Mitarbeiter ist ein Schritt auf dem Weg zu einer konsequenten Strategieumsetzung. Der zweite Schritt ist das „Wollen". Für die Mitarbeiter müssen Anreize geschaffen werden, auf die Erreichung der strategischen Ziele hinzuarbeiten. Neben die Kommunikation der Strategie rückt damit eine Anbindung der Strategie an die Anreizsysteme (vgl. Schwertner 2002; Horváth & Partners 2007 S. 303 ff.).

Schließlich bedingt eine konsequente Umsetzung der Strategie eine regelmäßige Auseinandersetzung mit dem Status der Strategieumsetzung, um darüber einen transparenten Überblick über das bisher Erreichte zu erlangen. Hierzu ist ein umfassendes Strategiecontrolling erforderlich, das sowohl den Status der Ziele, den Status der Messgrößen als auch den Status der Maßnahmen in einem Strategiereporting abbildet. Aktuell haben viele Unternehmen hier noch Nachholbedarf. Rund ein

K. Seeger, *Erfolgreiche Strategiearbeit für Industriedienstleister*, essentials,
DOI 10.1007/978-3-658-04008-6_5, © Springer Fachmedien Wiesbaden 2014

Viertel der Unternehmen verfügt nicht über ein strukturiertes Strategiecontrolling (vgl. Performance Consulting 2013).

Die konsequente Durchführung des dargestellten Strategieprozesses hilft Industriedienstleistern, eine tragfähige Strategie zu entwickeln und diese erfolgreich umzusetzen – und damit im Wettbewerb erfolgreich zu agieren.

Literaturverzeichnis

Bea, F. X., Haas, J.: Strategisches Management, 4. Aufl. UTB, Stuttgart (2005)

Bohlmann, B., Krupp, T. (Hrsg.): Strategisches Management für Logistikdienstleister. Deutscher Verkehrs-Verlag, Hamburg (2007)

Chandler, A.: Strategy and Structure. MIT PR, Boston (1962)

Currle, M., Schwertner, K.: Ausrichtung der Prozesse an der Unternehmensstrategie. In: Horváth & Partners (Hrsg.) Prozessmanagement umsetzen, S. 29–46. Schäffer-Poeschel, Stuttgart (2005)

Horváth & Partners (Hrsg.): Prozessmanagement umsetzen. Schäffer-Poeschel, Stuttgart (2005)

Horváth & Partners (Hrsg.): Balanced Scorecard umsetzen, 4. Aufl. Schäffer-Poeschel, Stuttgart (2007)

Kaplan, R., Norton, D.: Strategy Maps. Harvard Business Review Press, Boston (2004)

Kaplan, R., Norton, D.: The Balanced Scorecard. Translating Strategy into Action. Harvard Business Review Press, Boston (1996)

Müller-Stewens, G., Lechner, C.: Strategisches Management, 4. Aufl. Schäffer-Poeschel, Stuttgart (2011)

Ohmae, K.: The Mind of the Strategist. Penguin, Hardmansworth (1982)

Performance Consulting (Hrsg.): Studie „Strategie 2013“, Erkelenz (2013)

Porter, M. E.: Competitive Strategy: Techniques for Analyzing Industries and Competitors: with a new introduction. Free Press, New York (1980)

Schwertner, K.: Leistungsorientierte Vergütung für tarifvertraglich Beschäftigte. Shaker, Aachen (2002)

Seeger, K., Liman, B. (Hrsg.): Zielorientierte Unternehmensführung. Gabler, Wiesbaden (2008)

Seeger, K., Seeger, A.: Gestaltung eines innovativen Geschäftsmodells in der Logistik – oder: „Kurzer Prozess für kleine Teile“. In: Bohlmann, B., Krupp, T. (Hrsg.) Strategisches Management für Logistikdienstleister, S. 194–208. Deutscher Verkehrs-Verlag, Hamburg (2007)

Seeger, K., Seeger, A.: Zielorientierte Strategieentwicklung für einen Logistikdienstleister. In: Seeger, K., Liman, B. (Hrsg.) Zielorientierte Unternehmensführung, S. 39–68. Gabler, Wiesbaden (2008)

K. Seeger, *Erfolgreiche Strategiearbeit für Industriedienstleister*, essentials, DOI 10.1007/978-3-658-04008-6, © Springer Fachmedien Wiesbaden 2014

Seeger, K., Suntrop, C.: Geschäftsstrategien in der Chemielogistik. In: Suntrop, C. (Hrsg.) Chemielogistik, S. 51–79. Wiley-VCH, Weinheim (2011)
Suntrop, C. (Hrsg.): Chemielogistik. Wiley-VCH, Weinheim (2011)
Slywotzky, A.: Value Migration. Harvard Business School Press, Boston (1996)